鸟的独唱

雷人 著

长江出版传媒
长江文艺出版社

目 录

水　赋

水的脾气
水
没有脾气

水摧枯拉朽
水
颠山倒海，水！

水
天上地下
山南海北地跑

水
千家万户地流，水
任人打开；任人关闭，水
任人吞下
水，任人排出，水是秋波
水是秋波横，水是举案齐眉
水是敬亭山，相看两不厌

水是情人的柔情，水
是鳄鱼的眼泪
我吃水喝水生水活水长水我
爱水恨水，水在汨罗江吃了
屈原，在太平湖吃了老舍，
在哪儿吃了王勃还有王国维！
水是海明威的老人与大鲨鱼，
水是海子的山海关

水是水水是冰水是气水是
血液水是筋骨水是肉水是眼神儿
水是秋波是怒目是横眉是精液卵子
是红粉知己是情郎，水是
在桥头一跃而结束了一首诗的？
奥登的冰蓝的？江水，水

是雨水是雾水是冰雹
水是闪电水是
生命的源泉，水
是生命，是人间，是人间万象

是升华是精气神，水

没有腿，没有翅膀，没有
国防，也没有文化，水
只有它自己

水

水
是洪水猛兽，水
是上善若水

水是诗，水
是泥作的诗人

水，上下翻腾，水
横行，水倒流，水
血崩，水，脑瘫，水
肿瘤，水，梦，水
歇斯底里

水是国界，水是越过国界的
导弹的动力浮力和气力
水，你在哪里？水
是种族，水是祖先的遗传的
密码，水是火烧连营的
载体，水
是飞流直下三千尺，水
春来江水绿如蓝，水
一道斜阳铺水中，水是明月，水是
明月何时照我还！

水是想象水，是浮想联翩
水是梦是五湖四海七大洲五大洋
水机关算尽太聪明，反
误了卿卿性命，水
是沧海桑田，水是酒是酒仙
水到渠成，水在梁山泊
作乱，水，烧了赤壁
水，在登陆，水是仁川。水
是珍珠岛，水是山本五十六的

太平洋的无线电

的沉默，水是变频，是好莱坞的

海蒂拉玛，水是水淹七军

水，长坂坡上水倒流，水是女人

水是尿是粪是垃圾是死亡的收藏夹

水是干旱，水是饥饿，水是

减肥的牺牲品，水是欧阳

水是江河，水是马加的黑人总统。

水？难道不是我？不是你？不是

谁？水是拐弯，水是换药，水是下载，

水是混凝土的配比，水

风生水起，水，跟奥斯维辛的集中营一起

声泪俱下

水是浩劫，水是摧残，水是911

水是"四五"清明的广场，

水可以载舟

水可以覆舟，水漫金山，水

点石成金，金生水，水生木，
木生火，火生金？
水是
……

2016-01-27

航拍　长城　赋

（金马朗诵，优酷网）

万山之长兮

长城之长

千山之高兮

长城之高

蜿蜒起伏兮

龙腾虎跃

悬崖陡峭兮

张牙舞爪

人迹罕至兮

长城独守

山鸟飞绝兮

长城耸立

铜墙铁壁兮

固若金汤

洋枪洋炮兮

何以抵挡？

秦皇浩荡兮
长城千古
不为拓土兮
只为守疆

多少尸骨兮
葬身城下
多少辉煌兮
成就陛下

今人航拍兮
得窥全貌
炎黄遗产兮
一道涂鸦

金字之塔兮
千古之谜
万里长城兮
百世之殇

秦疆之界兮
国之藩篱
闭关锁国兮
有疆无域

日舰吉野兮
重创甲午
海疆无存兮
长城空叹

钓鱼之岛兮
又临甲午
决战千里兮
只有科技

强国之道兮
以民为本
逐鹿五洲兮
物竞天择

长城万里兮
地球扁平
申根万国兮
T I P P

2015-10-29

宇宙赋

女神赋
宇宙赋

浑浑噩噩，蜷蜷缩缩；
突突兀兀，悠悠赫赫！

一黑一白，天地人神；
四象两极，日月星辰。

无头无尾，无始无终；
龙腾虎跃，鹤立仙冲。

屈黄河之九曲，愤长江之天怒；
浪沧江之澜沧，松花江之淞雾

吞吞吐吐，熙熙攘攘；
长拳短打，赤兔脱缰。

漫长城之蜿蜒，泻敦煌之浓艳，
发万轫之秦巅，潇华山之论剑！

男欢女爱，半嗔半就；
天地人神，荡宇驰宙。

挥洒方遒

挑阿炳之木讷，
挫三皇之狂妄。

二王翘脚，欧颜张望，
过庭不过，狂而不妄。

云卷云舒

似人似猿，亦鸟亦兽
纵横捭阖，飞扬跋扈

无拘无束，无法无度，
有驰有张，有顿有收。

刀刀入木，枪枪猎奇；

剑以劈山，戟以御敌。

列侬摇滚，泰森击拳；
摧枯拉朽，明目张胆。

似蜻蜓点水，如黄鹂鸣啭；

点墨成金，顿挫凭栏；
怒发冲冠，素手香腕。

落落英英，云云腾腾；
逐鹿中原，笑傲群雄。

江河滔滔，日月滚滚；

银河弄舟，北极开店
网上喘气，群里放言

猴拳如钩，飞脚如电；
鱼跃龙门，跳水飞燕

兰州拉面，鱼香肉丝，
凉拌黄瓜，连镇烧鸡。

一挥一就，天覆地翻；
尽囊缥缈，黑白之间。

雷人不雷，腹大不便。

一人之辩，能胜百万之师
三寸之舌，重于九鼎之宝

2016-07-06

昨夜，左家庄

我们彼此剥开，在
一起剥开
黑暗之后，让
音乐
抵制窃听

关掉灯，打开
黑暗里的另一扇光明

像刀削面，彼此切削，
面
却没有多少

快感，不能
太快！

2015-06-19

量子文明纪

公元

20NN年

宇宙太极的鼠标

突然失灵

银河系

崩发

量子波地震

同瞬间引发

动物神经系统的

共振，共振波泛滥肆虐

将人类和一切动物的神经

瞬间固化秒杀无遗，人类

自己也从集体瞬间失眠

进入集体永恒失醒

神经末梢的共振波

给一切动物的细胞核

挚注了永恒的维他命

和内分泌微循环系统

以维持他的无意识

皮囊的蜉蝣状态

人类的新冰川纪

被量子缠绕的暴眠

一体角化

任何的心跳

都是引发宇宙爆炸的

号角

银河系的对称系银河负系

被银河系的量子震

缠绕效应引爆负震

一切有机体

瞬间神经元被激活

一个新人类滋生蔓延

2016-09-30

情人节的老油条

既然
没有情人
就，自己
洗洗睡吧

以前，洗，
一起洗，也能洗出点味道来

我的情人，和
情人的我
都只剩下褪色的惆怅和回忆

睡吧，情人节
你哄他们去玩吧，反正
我是腻歪了

那些假惺惺的红玫瑰和白玫瑰
也不知转了多少手的二手三手
N手的情人，呲着鲜红的一手的口红
献媚着N手的痴情，流连忘返的秋波，

搞得我的目光
呆滞

多么温情的玫瑰，多么温馨的灯光
还有，扑朔迷离的蜡烛，舞步，从来
都是慌慌张张

睡吧
如今

就像忘了密码被废弃多年的邮箱
或者，像没有驱动软件的硬件
或者，像
缺少插件的神马
打不开的压缩包

睡吧
不洗，就睡着了
反正，情人节
不会因为我的缺席

而罢工，抑或流产，甚至被
判了颠覆罪

真的，想着，想着
就真的睡着了

夜和我的睡眠，一样，安静
就连那些做了多少年多少遍的
好熟悉的梦
都没顾得过来打理我一下

睡吧，没有情人的情人节
才是真正的有情人的节日

半夜，应该是半夜
多一点，我一般一觉睡到，3点
起来喝口酒，不是，是酒喝多了
要喝口水
然后起来，做作业

这一次，门开了，是情人？
是梦中情人？是情人送梦来了？
有脚步声，窸窸窣窣的轻轻的
关空调的声音……关台灯的声音
关门的声音……窸窣……窸窣……

似乎，这夜，被这窸窣声
像别针一样给别住了，

夜变得深沉，我依稀独自享受着
没有情人的情人节之夜的温馨

好像天亮了，我竟然
睡了一宿
拿起手机，手机上，放着玫瑰红的
一张字条：

看你今夜睡得这么安稳，手机
连短信都没有了，可我一夜没睡，
你总算成了

老油条了，新油条和老豆腐
放在保温锅里，我走了
上午给奶奶去上坟，下午，儿子
去图书馆作义工，你
起来，自己吃吧，油条
有点老

打开锅盖，老油条的老味道
扑鼻而来，嗷，这老油条
吃了30年了！从东光吃到沧州
从沧州吃到天津

这老油条，我吞了一口
依然那么
嫩
嫩嫩的

像含苞待放的

2016-08-09

大　海

所有的膨胀，都是爱的积蓄，
就像所有的破裂，都是爱的结晶
一样，她是爱的积蓄
和爱的结晶的一对对冲

汹涌和澎湃，她与生俱来的
副产品，像少女的三点式
深处，才是她的博大

我，梦见母亲，生下一个，又一个我
我一次，又一次，站起来，
走向iCloud的收藏夹

一声回车键的嘶嚎
一道空格键的裂口

静静的波澜催生出
浩浩荡荡的滋润和滋润里的
一个又一个的我

滋润就是她的神圣，她
用滋润征服宇宙

母亲的羊水恣肆着，淹没了
我的梦，一对穿绿色马甲的
红脸蛋的球童，把一颗
白色的练习球，从一片金色的
鱼鳞上，穿过36栋果岭
直接打进我的蓝色的梦

太阳、月亮和嫦娥
五大洲，刻着甲骨文的甲骨
写满数码的数字化文件夹，银河
河里河外的星系
都把自己娟丽的倒影
潜伏在她的心底，那是一张床
一张从来没有人坐的床，那是从来
都没有新娘的洞房

红珊瑚，蓝珊瑚，白珊瑚……

火山从她的沉默里爆发，宇宙在这儿
被沉浸成一片
没有任何一个男人可以打开的处女膜

沉浸是我们灵魂的染色体
马里亚纳的深处始终被她
夹得紧紧，她把
珠穆朗玛峰从她的背后
挤出，把千川万壑囊入自己
无边无沿的口中

狂风是她藏在袖口里的呼唤
嶙峋的波涛，斑驳的甲鳞
B2B，桅杆上挑着浪尖
红红的灯笼上绿色的
SOS，只在黎明前的黑暗里
打个喷嚏，脱下她粉红色
诱人的睡衣

母亲醒来，母亲终于睁开眼，

母亲的眼球，狂风暴雨，泥石流

铺天盖地，太阳和月亮

纷纷脱落，宇宙只剩下阳光，还有阳光

折射进马里亚纳的灿烂的

倒影

2016-04-30

荷　花

荷花从西湖的深沉里姗姗走来，落在
洞房的一角，甩甩
腰间的荷叶，翘着
二郎腿儿，坐在
烛台上，打个喷嚏
给自己，点燃烟一支
荷花牌香烟

她，吞云吐雾，喷个
打着旋儿的烟圈
把西湖的蓝天在这儿
轻涂淡抹

荷花，从污泥里
扎着白小辫，腆出
水面的却是
绿肚皮，六月里
她绽开成一朵儿粉红

原来，那是

她的盖头

我轻轻地，把她
抱上床

我怯懦地
揭开她的盖头。哦！

我突然发现，原来，
原来，原来荷花
并不在西湖里

2015-08-01

今夜，我嫁给月光

今夜
月光流淌

您从远方飞来
我们在远方相会

咱们
都是
月光的新娘

月光
飞起来的时候
我们
在她的背上
背着美丽的月光飞翔

红酒
是您的盖头
月光
是我的故乡

大槐树是我家的门口
门里边

有
我的爹娘

有我的
月亮
有我的
……

2015-07-03

桑树皮，我的皮

桑树皮
桑树的 皮，我的皮

坐在北大燕园里读诗，看一眼
窗外的，郁郁葱葱

陡然，想起
老家童年的大桑树
郁郁葱葱的大桑树数不清的大桑树
弯着腰，腆着肚皮的
也曾经是这般
郁郁葱葱

家家户户的大桑树，院里院外的
村里村外的，曾经掩映这个村庄
五百年的
用紫色的红色的黑色的玉色的
桑葚，养育了我们
祖祖辈辈
五百年的

大桑树老桑树

它们的皮，从上到下
从树干到枝桠，所有的皮

终于，在那一年
被我们
一点一点，一棵一棵，用我们
干枯的残酷的手
用我们饥饿的肠子

扒光！被我们
扒得精光
扒成白花花的，像南京大屠杀
被鬼子强奸后再被扒掉衣服
挑到刺刀上的
赤条条的白花花的我们的
女同胞的
惨不忍睹的胴体

那是
1960年

那一年
我十岁

桑树的皮，
被我们扒光了！
被我们
吃光了！

桑树，都，赤条条地

死掉了，永远地
死掉了

我，
得以幸存，我皮包骨头地
活下来，今天

在北大的燕园里
苟且地狼吞虎咽地
读诗

主持人在喊我：
雷人！It's your turn！

我赶紧，打住遐思，
打开《国际汉诗》
在扉页上写下我的遗嘱：

我死了之后
要用我的尸体，到我的老家
雷家营盘
去种一棵
桑树

让我的皮
变成
桑树的皮

让我的子子孙孙
在桑树皮上
刻下我的这首诗。

2015-10-25

突围的苹果

从这儿进入矩形的火焰
朦胧闪光的膨胀跳跃成
柔软起伏的大海的晶莹

压低的耳语,突破重围
阴雨绵绵的吊杆和蓑衣
闭着眼打捞彼此的眼神

掰腕子一样掰开长眠的花朵
左脚刹车片抱紧轮毂般夹住
右脚继续踩下伊瓜苏瀑布般

的吞吞吐吐,自己把自己
团团包围,彼此跟彼此在
云与电的落差里整理快感

燕子抖动着血红红的钢烤蓝
拥堵从一环线一直到六环线
钱塘江的海潮在入海口落草

为诗。群发报复着半嗔半就
的咬不动的红樱桃，约定一
个约定，让风，在PDF的永

恒里上传下载。用喂猪的大
桶子装满欲火熊熊的文件夹
掺假的岁月横冲直撞，快感

不能太快，躺在瑞典人的曼
吧里打着乐此不疲的呼噜期
待着有贼来上粉红色的贼船

Photoshop和Adrobe微调着
细水长流的泛滥，此刻，体
位让位给体味支部无暇讨论

天，始终不亮：无底洞，和
黑夜，互相，契约；里外，
FUCK! 上下、BICI，RAPE

焦虑在失乐园里打坐，复乐
园和汽车钥匙挂在宪法的门
牌上陪祥林嫂在磨坊里乱转

夜，蜷缩在我们彼此的不存
在里跟不确定研究三三制在
上甘岭的进攻、狙击和守护

面膜，睁开眼，瞬间，葫芦
变成骷髅，笔记本吓得吓了
一跳，匆忙中，放进阴道里

牛市的避孕套把膨胀拍卖给
熊市，突然，有人咳嗽！黑
夜，害怕咳嗽，也害怕吐痰

突围还在突围的路上，天就
他妈的竟然就这么不明不白
地就亮了！靠，就靠在靠上

彼此上下里外左右，靠着，
靠着，就那么稀松二谷眼
地靠着靠着就靠着睡着了

2016-10-22

关于诗 d 争论

我
不在乎
这
是不是
诗

我也不在乎
我
算不算
诗人

我只在乎
我说了我应该说的话
用
它最好最简洁最有力最深刻
最明白或者最含蓄的
也就是
尽我的语言和表达技能
尽这项表达所需要的
方式

或者
形式

2016-10-12

人间红相

满天的脊梁
满地沟油的脊梁骨
满国满冰箱的魂灵和肉

主义、地沟油、阴魂、腐尸
重点保护的
濒危
动物

虎狼满天
肉满地，人间

一张专业从事
鸡奸和肛交的
血红血红的
底片

2015-06-15

皇帝洗澡

自己
站在浴缸外面

只让，平儿
把裤头儿脱下来
放在
金浴缸里
泡澡

2016-10-19

父亲　母亲

父亲
是翻江倒海的石头
母亲
是打坐的阳光

父亲是雷霆，母亲
是沉默

父亲是瞬间的闪电，母亲
是四季的春风

父亲母亲，是
磕磕绊绊，白了头

父亲14岁属鼠，母亲
属大龙22

父亲母亲
在虎年入了洞房

父亲母亲打了半辈子母亲
父亲爱了疼了气了半辈子

父亲和母亲，为我们
熬了忍了守了一辈子

我最早理解了母亲
我最后理解了父亲

父亲和母亲是太阳和月亮
我们，是他们间的引力

父亲走了在13年前的重阳节
母亲走了在24年前的今天

父亲走的时候我在工地，回来，
只看见额头的汗珠

母亲走的时候我骑自行车
去地招上课赶回来一片哭声

父亲是顶天立地的柱子母亲
是缝补四季的针线

母亲从我记事就吃药，父亲
一辈子酒就是他最好的药

冬天母亲睡在炕外边，夏天
母亲睡在炕里边，父亲相反

父亲陪客人在炕上吃，母亲
和我们小的在地上吃

父亲陪客人先吃我们后吃
母亲最后吃，吃我们剩下的

白天
父母一起下地

晚上，月光下父亲擦地瓜，母亲
月光下替我们缝补衣裳

母亲高血压240总打硫酸镁
母亲晚年癌症后期打杜冷丁

从此我们兄弟姐妹全变成注射师，
我自己给自己打B12

我4岁离开母亲去县城随父亲
父亲和我睡在一张单人床上

我夜余爱好是尿床每夜
都把老爸泡醒，爸罚我在地下立正

十岁时我逃过一劫
大难不死必有后福

和母亲挖山芋井子，十斤土桶
钩断，3米高砸在我头上

头盖骨被砸出一道凹槽，我
却安然无恙但把母亲给吓晕

我十二岁得痨病肺结核
考上初中又被学校拒绝

和父亲骑自行车100里去德州
拍X光片确诊肺结核后期

回来下雨河堤泥泞自行车
推都推不动我们住在牛棚

我睡在蒿草上，父亲坐在我
身边用蒿草给我扇风赶蚊子

母亲哭着说这孩子没救了白
痰轻黄痰重黑痰出来要了命

我吐黑痰还带着血！我
面黄肌瘦，皮包骨头

我吃雷米封，我打链霉素
半年以后老师来劝我复学

......

困了

2016-10-21

雷人奖　公告

鉴于瑞典皇家科学院诺贝尔奖委员会
100N年来对

促进人类和平发展，
促进人类前沿科学发展，
促进世界文学朝着人性和
丰富性的发展，

所做出的独一无二的、百年不懈的
杰出努力和辉煌成就，

中国草根诗人雷人以诗的名义，
将雷人设立的"雷人奖"

颁发给世界上最杰出最高贵的
瑞典皇家科学院
诺贝尔奖基金委员会
并通过贵会
向设立此奖的国王和先贤诺贝尔大师
致敬！

授奖辞：

诺奖，

引领人类和平进步的灯塔，

人类新文明的助推器。

奖励：

01

雷人著诗集7部：

《雷人诗谈》

《雷人诗情》

《雷人诗说》

《雷人诗爱》

《雪的颠覆》

《核黎明》

《水的绝唱》

和

02

雷人译著2部；

《交易的艺术》
（美国总统2016年候选人特朗普第一部
自传作品THE ART OF THE DEAL）

《红眼睛蓝了》
（RED EYE BLUSE，美国女作家乔伊斯·艾尔伯特著，
曾荣登美国1983年度最畅销书榜首）

03
雷人艺术品
雷人创作的
"Painting Myself With Myself"
系列艺术作品。

颁奖典礼

将择吉日
在雷人诗吧 举行

诗
将见证人类历史上这一足以
让世界
瞠目结舌的
诗意时刻

授奖人：
六十岁闯入诗坛的黑马
中国诗人
雷人

2016-10-14

诗的两只眼睛

展示这个世界的美；
揭示这个世界的恶。

2016-10-14

文学与哲学

文学

是

哲学的美胸

哲学

是文学的

肋

2016-10-05

结痂的忏悔

走进教堂
一片虔诚一片忏悔
心系
一个
主

出了教堂
自己的手
放在
自己的兜里，自己
开自己的车
自己回自己的家
遛狗

2016-10-06

秦 城

反穿皮袄的
教堂

教徒
审判教主

自己
强奸自己的大舞台

2016-10-06

生命的火焰

硫磺

和

磷面

摩擦

火焰

便

爆发了

精子

和

卵子

胶着

灵魂

便

被激活

2016-09-30

诗的形式

形式
是
自由诗人的
披风、马甲，比基尼
口红、CD
和
固发剂

需要
就是
一切

2016-10-01

看　枣

我看着枣
枣看着我，我们
彼此分享着，枣林
是我们的"呈堂证供"

我看见
满树的密密麻麻的
红
脸蛋儿
把枣树的纸条压弯了腰
竹竿撑着弯弯的纸条
也弯了腰
像老父亲老母亲
弯着腰
拄着弯弯的拐杖
互相
搀扶着，在村头
等着我放学归来

枣看着我

她默默地看着我，我不知道
枣
在想什么……

她的脸泛着红晕，红晕
兜着灿灿的微笑，她的微笑
让我感到我的心跳顿时
丰满
一丝爱意，很遥远，又
很近，就在
我的眼前

我轻轻地把她摘下来，我
把她放在我的唇边，像是在接吻，
轻轻地吞下去
慢慢地
咀嚼
脆脆的
有一点儿酸
有一点儿甜

还有一个故事，发散着，
很远，很远，大海，浪花
阳光，微风
饥饿，我看见
那颗美丽的枣子，被我
彻底粉碎，在我的
唾液的汪洋大海里
变成
我的一部分，她的酸
她的甜，她的微笑和
羞涩，沉淀在我的血液里
她
不再
看我

我不得不，把枣核吐出来，吐在
我的手心里，我端详着她，瘦瘦的
瘦得皮包骨头
像十岁的我……

我舍不得把她扔掉

我折下一段枝条，捅一个

深深的洞，把她

丢进去，深深地埋下

她，突然

说话了！她

喃喃地说：

谢谢您

我终于修成正果！

2016－10－03

空腹过夜

空腹
过夜

在绿色的大草原上
穿过
一条阳光大道

清晨醒来
空旷
新鲜

一杯温水落肚
大江
东去

绕室三圈
蹲上一便
肠清
胃干
津生

颜开

神来

2016 – 10 – 02

孽想（Zink）

用
寂寞，给
黑夜
减肥

用脚尖
点击黎明

用
忘却
激活
爱

夜深，思
不
静

2016-09-08

快感瞬间

我跟阳光
出轨
一起分享
云层的浅薄

匍匐在穿越的眼神
透明
是黑暗的
春药

速度，与高度的
夹角，把亢奋
剪切成90度的
勃起

2016-09-15

布拉格的早餐

用刀子吃饭
每人
一把刀

用筷子
吃饭
只有主妇有刀

2016-09-19

挪威的森林

从东亚细亚
来到北欧北
探幽
挪威古老的森林

大巴
包裹着我们，沿着金黄的
分道线
穿梭在山和水的夹缝

游船，游弋在第四冰川纪的
倒影里，云卷万里悠悠
雪积千年
点点，飞瀑
游丝
缠绵，古老而又原始的森林
是他们丰满的底片

镜头
取下峡湾和峡湾两岸的
绵延无垠的苍郁的切片

夜阑，借着中世纪的烛光

用三棱镜
和数字化
我把切片逐一分解

闯进我眼帘的
是满山遍野的易卜生的
坚挺的胡须

像易卜生的镜片一样透明的
云朵
贴在碧蓝的天空
雪白柔软

还有
躲在云朵后面易卜生
炯炯的
熠熠的
眼神儿

——北塔团长命题作文

2016-09-26

申 根

人类
新文明的
新生态

2016-09-28

文明的分野

Lagom[①]

&

Jantelagen[②]

瑞典

曼吧

曼态文明

美国

摇滚

竞态文明

①Lagom, 瑞典语，意为"适度"的意思。汉语音译为"劳哥姆"。（节录自《当代维京文化》p.87）

②Jantelagen, 詹特法则。

Jante ，瑞典语，中文意思接近"谦逊，自谦，低调"。故译者肖琼用音译"詹特"；

lagen,瑞典语，意为"法则"。

（节录自《当代维京文化》p.97）

2016-09-28

炒

股市，炒
崩了

房市，炒
爆了

酒市舞市
OK了

只
剩下

诗
市，炒得狼烟
四起

2016-10-10

用病治药

我，药被吃多了，我
于是，变成一粒胶囊

我不再需要用药来治病，我
需要
用病
来
治药

2016-10-08

背着面孔的色疯

一片绿叶盖住我的睡眠，梦
像海啸一样袭来，血蓝色的
疯，瞪着眼，没有面孔。我
一半在疯中发蓝，一半
在海啸的漩涡里失踪，宇宙
被一个色色的疯子玩转

我的血流被围追堵截，天用一根
腿突围闪电和雷鸣拄着拐杖在山
海经的垛口上接应我，我收缩成一
团一瘸一拐的光。那是一个从另一
个梦里飘过来的漂流瓶，除了背影
和背影拖着的模糊面孔一无所有

那美丽的面孔是黑夜里守在我门口的
坐探，她在指尖上挥舞着野兽派的泛滥
把黑暗摇成一座立起来的灯塔，恐怖
微笑着，惊悚，注入休克的血管，床的
外边，有蟋蟀的敲门声……我

找不到开头因为也找不到结尾
360度的切口沿着白色的茧和
烫金的绿笋三点式吃进，我的鼻息
开始松动，宇宙拉开距离，给苏醒的血流
让开一条路，独木桥在前边引航

故事像疯一样腥不可闻，只有无奈
保持着自然醒的无奈，三原色的魂灵
无边无际的灵魂在上下左右的金水河里
像地沟油一样漂浮着，被织成一个
千丝万缕的茧，朝咬着牙的天空
张着没有口的嘴

黎明的闹钟，在格林威治夏时制里，
拉着失火的狗尾巴响了……引爆了滚滚的雷……
没睡醒的另一条腿，还在疯中，被看不见面孔的色素
夹得紧紧
紧紧……

2016-10-10

选　择

留下
影子
还是
留下
脚印
？
我
别无
选择

除了，留下
启迪

2016-09-03

黑暗与罪过

虽然
黑暗
不是
你的
罪过

因为
黑暗的
原罪
是
愚昧

你的罪过
只是
加重了
黑暗
通过
加重
愚昧

2016-09-03

我用我画我

雷人系列：我用我画我

Paint Myself
With Myself

2016-09-06

雷人艺术新理念

我

最

精彩，我

何必去画马画驴画蛤蟆？！

我画我

我用我画我

我用最精彩的我

画我最精彩的画

每个人

都有自己的精彩

每个人

都

可以，也应该

成为

自己的精彩的

画家

艺术

将走进

每个人和生活的每一个角落

2016-09-07

爷爷陪我逮蝈蝈

满地的黄豆
熟了，金灿灿的

满地的蝈儿蝈儿
扯着嗓子
叫得清脆，清脆

我蹑着手，爷爷
用手打成阳伞　蹑着脚

我们一会儿肩并肩，
一会 儿一后一前，猫着腰
一边扑闪
一边绕圈

那蝈蝈　叫得真甜

两手向前猛地一捧
有了
爷爷

捉住一个

碧绿的头碧绿的眼
碧绿的大翅膀
在爷爷的
手里忽闪忽闪

"叫蝈子没肉，这个放你笼子里
你逗着玩吧，再给你
逮个肥的，回家烧烧吃"

爷爷又猫下腰，瞄准
了另一只，我
"哇"地哭了，爷爷
"嗤嗤"地笑了
我给蝈蝈咬手指头了，爷爷，把
那只肥蝈儿蝈儿
给吓跑了

2015-05-05

一个爷爷和四个奶奶

爷爷是一棵大树，奶奶
是枝桠。枝叶繁茂
根深蒂固

一个爷爷和
四个奶奶，在最后的那个
冰天雪地的季节里
变成一座饱满的坟墓

第四个奶奶，也是最后的奶奶
她就像互联网＋
她活了99＋岁

至今，她已经离开我们33年
爷爷娶奶奶的时候，我
3岁，奶奶
73岁

"娶这么个老东西，说不定
哪天又死了，还得喝

第五顿喜酒！……”

我娘我二大娘和大娘
大姑二姑和三姑，没等二大娘的
话说完，这一台戏就捂着嘴笑成一片，笑得
三姑吃的大口的喜馍喷了我一脸

我们好几个孙子孙女外甥还有外甥女一窝蜂
挤在新奶奶的炕上问新奶奶
要糖吃，嬉笑打闹

奶奶的身后是高高的嫁妆
十二铺十二盖
那是她自己陪送自己的嫁妆
那丰盛，就像今天
陪送了一辆桑塔纳或者宝马

奶奶从进这个雷家门到离去
就是一个老婆儿。瘦瘦的，高
高的，在我此刻的记忆里
只剩下一双深陷的发蓝的眼睛

和一双小得几乎看不见的小脚儿

奶奶离开那年，我大约33，我是
穿着徐校长（硬）借给我的
皮大衣从沧州赶回老家
参加她老人家的葬礼的

冰天雪地里，她的牌位上
写着："雷陈氏
享年一百有三岁"

爷爷已经提前22年走了
现在，他们一男四女
终于合葬了，并骨了，
团圆了，永恒了

带着他们的饥饿
和愤懑

（N-1. 待续）

2016－02－28

童年的苍蝇

除了美丽
童年
没有商标

哪怕是苍蝇
它
也有着美丽的
徜徉

有人送给我们
一只蝴蝶
翕动着美丽的翅膀
来做我们童年梦想的榜样

我们欣赏它那美丽的翅膀
还有它那
用钢铁炼成的
高而大的形象

等我们长大成人
我们才发现

那是一只装着美丽翅膀的
苍蝇
才发现它在
我们灵魂的唇边
涂下的是
魔鬼的粪便和做奴才的伎俩

虽然
我们的童年
无法改变，我们记忆中美丽的翅膀
依然眷恋着我们追寻的
梦乡

我们不得不在莫斯科
古拉格历史博物馆的
血斑上，重新
织补我们的童年
切割掉
魔鬼在美丽翅膀上
留给我们的血腥的创伤

2016-08-23

圣·彼得堡

金色的皇宫，金色的
教堂，攒动着
各色的眼睛

蓝色的天空，蓝色的
涅瓦河，回归了，蓝色的
文明

白色的芭蕾舞，穿过
Haley Days 在亚历山大
大剧院里，脚尖
朝下；白色的
帆船，在涅瓦河的港湾里
脚尖
朝上

桥，不仅仅是桥；
哈雷，不仅仅是摩托

桥，是观景台；哈雷

在子夜的涅瓦河大街上
逍遥着令人惊悚的
分贝

冬宫上空的三色旗，挥舞着
蓝天和白云，100年前的
逆流，已经在25年前
被镰刀和斧头
"拨乱反正"

尼古拉二世，魂归故里
Товарищи Сталин
被撒骨扬场

2016-08-15

天鹅绒监狱里的新贵族

夹边沟

父辈的遭遇

正在变成

子辈

天鹅绒监狱里

新贵族的资本

2016-08-25

云海冥冥

从渤海之西滨
到波罗的海之东畔
只
跨过一条国界
穿过四次云海
在莫斯科
辗转

云海是地球的壳，机身
是我的壳

我在我的壳里反复地穿过
地球的壳

28年前，我第一次穿过云层
在云海的上面
透过小窗口
鸟瞰
这美妙的云海

六年前，我写下，第一次写下
云海的诗篇
用云的感觉和云的 语言
写下云海的幻念

六年来，我在寻找一个答案
一个我自己给自己提出的问题
谁是云海的父亲?
谁是
云海的
母亲?

是高山和大海生下的云，还是
太阳和月亮的苟合
产下这云的海
海的云?
横亘在天地之间?

云海是地球的壳
地球，怎么能生下

一个比他自身还大的儿子?

（2016-0811 俄罗斯云海之上之下）

倘使太阳是她的父亲，月亮
是她的母亲，她
肯定早已经被太阳烧焦，而
何以云如此地白，海
如此地碧?

是云沉浸在海里，还是
海漂浮着云?

云海，就那样闲！就那样
闲在那里，千里，万里，无边无沿；
千年万年，不眨眼，何以始? 又，何以，终?

云海，怎么没有骨头！没有骨头
怎么能
那样挺拔? 云海也没有筋，没有
血管，也没有

血红的血，没有血液的流动和循环
也没有伤口，也不流血

我想把这千年万年的沉淀和千里万里的
古老狠狠地砍上一剑，让她
血流成河
让她也每个月来一次
大姨妈

云海，被我打个压缩包，一口吞下
天地合一，天际线不再是
弧线

我睡着了，Ksenia 递给我一个邮箱
Красная девочка
Сегодня , завтра !Наша
Наша
Родина Великая

2016-07-12

人 类

人类
的
繁衍

其实

靠的
就是
最简单的
重复

2016-08-09

歌诗达之歌
A Song To My Dear Costa

1
只有不断突破的起点
没有终点，啊
我亲爱的歌诗达！

1
You travel
From starting to starting
With no ending. Oh——
My dear Costa

2
您，把大海犁开一条缝
您，驶向远方的梦和阳光
驶向
天地
合围的地方

2
Leaving behind you a seam
on the sea

You advance towards to sun lights

You advance towards to dreams and

Places where the Heaven

Kisses the Earth

3

大海

是少女温存柔软的小腹

大海

是男子汉广袤的胸膛

3

The great sea is

A tender belly of a young girl

The great sea

A broad breast of a man

4

潋滟嶙峋的浪花

是大海呼吸的毛囊

汹涌澎湃的起伏

是大海无法掩饰的情肠

4

Waves so bright and so gritter

Hair holes the Sea breathes with

Up and downs so strong

Just loving tides with no stop

5

我们扑向歌诗达

歌诗达

满载着我们的情怀

驶向

蓝天白云和梦

驶向

阳光月光和星光

5

To Costa are we rushing，while

Costa

Where the sun the moon and the stars

Are so bright

歌诗达 Costa 9026

陪大师拜见大师

什么叫大师？这位大师是谁？

确切地说，这是一位仙师，鹤发童颜的仙师，大师背后的大师。

当我把我翻译的厚厚的45万字的美国长篇小说《红眼睛蓝了》，赠给95岁高龄的老前辈时，他午休刚刚醒来，还倒在床上。他拿在手中，端详这书名片刻，慢条斯理而又声音洪亮地说："你翻译得好！把形容词作动词用了！"

这句欣赏加赞叹的话使我十分十分地欣慰的同时，我也大吃一惊！我的这部译作，赠给过很多人，包括教授和博士，但是，这个评说是我第一次听到，尤其是出自一个95岁高龄的老者！

这位大师立刻使我肃然起敬！

神马叫大师？这才算大师！这才是大师！

世界的认真和敏感，让我们钦佩！他们的心理年龄，他们的眼神儿和热情，永远保持在18岁！

95岁的耄耋之年，大多生活都不能自理，何来雅兴去评说一部小说书名的翻译技巧？

此等神仙，何许人也？

我真的非常非常地庆幸在我的也算耄耋之年的68岁又遇上一位老师，大师，尊师！

他老人家，是大师，也是大师背后的大师！

一晚上，在马连良当年就餐的私家餐厅成桂西餐厅，吃牛排（自己切），喝阿根廷红酒，雷人诗酒，侃四大名生，聊四大名旦，孰前孰后？何师何徒？娓娓道来，如数家珍！

当我的大诗人朋友向这位仙师介绍我说：这是雷人，他十六岁放羊，修海河的民工，听广播讲座自学英语，业余翻译出版了70多万字的译著时，老爷子乐了，他说，我可是从小就是王爷府的少爷！是吉祥戏院的少东家！

北京的这吉祥戏院，早已经销声匿迹，今人都已经很少听说，连我也是第一次听说。老人说，在1930年代的民国，在北京，吉祥戏院，无人不知无人不晓！那真的是比紫禁城都更令人称道的地方！只是后来，几经沧桑，现在，已经是王府井的东安市场的一部分了！

时至今日，那些旅居台湾的民国人，一听大陆人提起吉祥戏院，还立马竖起大拇指！那可是把中国的京戏推上世界戏曲巅峰的民国时代的一个骄傲，一个四大名生，八大名旦的大舞台！

吉祥戏院的少东家！看老人那股难以掩饰的骄傲和惬意，这少东家在当年他的儿时，该是多么令他自足？！

我听到这儿，立刻心生一念，掏出我的《雷人多语诗选》，请老人签名留念。老人带着孩提的顽皮问我：写什么呢？我说，就写"吉祥戏院的少东家"！

我的话音没落，老爷子本来熠熠明亮的眸子，瞬间灵光闪烁，嘴，也乐得紧紧地抿了起来：好！好！

他，欣然命笔。

用我的蓝色碳素笔在浅蓝色的环衬上，工工整整地写下一行行蝇头小楷：

"吉祥戏院少东家

杨清华

原名

刘炽昌

2016.7.18 "

他，95岁的眼，不戴眼镜；

他，95岁的手，半点不抖！

看他那写字的劲头，他俨然是一个十几岁写小楷作业的书童！

而他，天真里透着无邪；博大中闪烁着空灵！真乃大象无形，大道无痕也！

这该让我多么感动！这是我一生收到的最最珍贵的留念！这字里行间充满着仙气灵气和正气！

这个称号，连他的家人都是第一次听说！而且老人一生不知签过多少名，留过多少念，但是，像这样给雷人的签名，可真是破天荒的第一次！他们说：

"雷人，你，果然雷人！"

其实，是我见到了仙人，仙师！

立马想起我的包包里还有一个放了好久还没有派上用场的红包，我立刻取出来，一看，太TMD神了：

"吉祥如意"四个金字，下面一个金色的丰丰满满的"福"字！

2016-07-18

诗

人类语言进步的
实验室

2016-07-16

盐碱地

什么地
打什么粮

治理盐碱地
远重于
治理
太阳

2016-07-15

歌诗达游记 01-20

01
人间渐远
儿时的月亮
渐近

02
海上
明月
重温
少女

03
国学
见孙不撸
有罪

七分掬情
不如
一分怕情

给光贵
拉马；
不给死孙
抬轿

无毒不丈夫
恨小非君子

04
自古以来
这房子
就是我家的
打土豪
分田地

05
当美颜
被作为资本的时候
女人
便成为

标本

06
门，打不开
不是钥匙错了，而是
方向
错了

07
以前旅游
是，守株待兔
现在旅游，是
拉郎配

08
停下
思考，摸一摸肚皮
体会一下
胎儿在子宫的
躁动

09

名人的堕落

从自以为名人

开始

10

跟名人交朋友

最好的方式

就是

征服

名人

11

山本五十六

用无线电静默

偷袭了珍珠港

我在无线电静默里

靠近

长崎

12
一个胎盘里
最多装五胞胎
一条船里
能装2678胞胎

13
当我纵身海底
鱼儿
该往那边游？

14
生活的诗性体验
是诗人的
生活方式

人性的生命体验
是诗人的
修炼

15

飞机
不漏气
船
不漏水
国
不漏信

16

跟君子喝酒
跟小人
打牌

17

分子
需要热运动
人
需要吉他和节奏

18
大海
是一个没有肺泡的肺
森林
是没有水的
浴盆

19
要想让自己
浮起来，必须
让船
沉下去

2016-07-13

逃向儿时的河流

极度浓缩的睡眠。睡眠
便像野马一般
脱缰

总是一路狂奔，一路打着一半死亡的
呼噜，一路不停地逃亡，一路的
心跳，心跳，心跳，惊恐，惊恐，惊恐
回头，四面，张望
玉米地，老地哇，长沙沟
仓皇，沟壑，荒野，茫茫
慌不择路
一个幽灵在300米后
紧追不放

习惯了被追捕，也习惯了
逃亡，赤手空拳，见缝插针
夺路而逃，多少年
总是朝着一个方向，那个
潺潺，涓涓，那个
脉脉的、默默的、陌陌的、

四女寺减河！儿时的河！53年前，她
已经沉没，沉默了！沉没进更加宽阔
更加滔滔的涛涛的
漳卫新河。为什么，多少个
噩梦，多少个逃亡
总是
朝着那个不复存在的
儿时的方向？似乎
生命在那时已经被截止，似乎
人生和他赖以存在的世界
从那一刻起
就全然消失，消失……像网上
被删的帖子，像
苹果相册里，被重复删除过两次的照片
永久性地，历史性地
被删除了

梦，没有选择的权利；梦
是我日日夜夜逃亡的半径

四女寺减河的流水，是我血管
依然的涌动，为了心跳，我在
浓缩的睡眠里
去寻找
那条不复存在的河流，那条
不复存在的
童年

一切都消失得干干净净
河，横亘在那儿，拦着我
逃亡的梦，有时，她结着薄薄的冰
模模糊糊得像父亲逃亡滚过来的
薄薄的黄河上的冰，那时，我
根本还没有出生

有时，那儿有一帮子人在"抬鱼"
领着我们去的是三奶奶，
那些"抬鱼"的
光着屁眼儿，我们几个也都
光着屁眼儿，只有三奶奶没有

光屁眼儿

有时，她覆盖着大雪，一个女孩儿
穿着紫色的棉袄
陪我站在那儿，背后是
除夕的
稀稀拉拉的鞭炮

有时，她是风沙弥漫，让我
无路可逃

河
没了
水也没了
只有梦和梦里悬在天边儿的
潺潺的流水声

……

2016-07-05

昨夜　老婆丢了

昨夜　老婆丢了

只好
报警

警察带警犬来搜查
原来，老婆

手机没电了，人
睡在
我的
床上，哎！
有惊无险

2016-07-03

丢失的公园

晨曦里我去寻找
白帆下那个在猫步上跳舞的姑娘
没了那婀娜的身影，也没了
袅袅的音响，只有红花绿叶
和懒洋洋的阳光

落日里我踏着鹅卵石去寻找，夕阳下
马步蹲裆的谢顶的老汉，却发现，只有
放风筝的孩子，和一只谁家的流浪狗
翘着后腿儿，在痒痒树上尿尿
不见了冲拳，也不见了围观的
一帮

我沿着月亮湖，去捕捉那曾经
被我捕捉的湖底折叠的月光
路边的喷雾车，喷了我满头雾水
月亮湖里一片涟漪飘起
一片片雀斑徜徉

我继续寻觅，春夏秋冬，只剩下

温度的广告板，再也找不到
曾经赏心悦目的记忆
曾经的风光

岁月，就这样，冰凉

昨天的公园
已经丢失，新的
景色，还没有，进入我的梦乡

每天晚上9点，我
坐在石头广场，就像勃洛克的一幅抽象画，用
横七竖八的记忆，做一次
滴洒，做一次
疯狂的
流淌

2016－07－03

数据线

数据线
连着天和地
雷鸣和闪电，日月沧桑
千里以外万年以远，数据线

悄悄地连着
男和女
老和少，连成家，连成部落和村庄

数据线连着财富梦想
和遗产，数据线

的密码是勤劳战争和钻研，放学
回家的路上
带根数据线，数据线上
涂着麻辣烫，白胡椒和
芝麻盐，数据线
是双绞线，里里外外缠绕着字母
逗号，眉毛和鼠标

数据线连着调色盘，盘子里收藏着
唐宋元明清的苦辣和酸甜
数据线是没有记忆的神经元
中和病毒和冰片。数据线是碎片
把宇宙解构得七零八落，再用两面胶和谎言
到QQ邮箱的秘密空间里去
凉拌

数据线是我38岁的长头发
密密麻麻高高耸立，像是大风刮来的
昆仑山，数据线，牵着我
我牵着风儿，在梵高割掉的耳朵眼儿里
溜弯弯

2016-07-03

爱

我是墙头一棵草
东倒西歪为爱摇

我在爱的尽头
等你

因为
难爱
所以
更爱

爱
是一片最能欺骗自己的
安慰药

从 thinker 到 zinker

从思想家

到

孳想家

2016-06-22

缘

你在三层找我，我
在四层，找你

电梯
上来
下去

2016—06—22

弓背街23号的湘妹子

今天
来了一桌
湘妹子

在泰丰80广场
又像在"黄昏的青年餐厅"，摆满了
一桌的苦辣酸甜

湘妹子
团团的脸

让我想起27年前
1989年

那也是一个湘妹子
从郑州火车站
进大同路
右转

弓背街

23号
没有院

直接上二楼，老板台
里面坐着一个大大的孙老板

他指着
大桌子上的
一大桌子钱
说：

你看，他眯上眼：
这都是来排队买你翻译的书的！
你的！
厉害！瞧，
这是长沙来的湘妹子，刚到

他的漫长的指头夹着
蓝蓝的烟圈
厚厚的嘴唇。呶了呶旁边站着的

一位窈窕的，美女

你看
他拉过一个大提包
拉开拉锁

哇！噻！

大提包里满满的，可
都是钱

10元的新票
3万！

我直了眼，
我开了眼！

我们大学100个教授发工资
也没见过
这么多

钱

湘妹子死死地盯着我
这是您翻译的？！
真棒
我昨晚看了整整一宿
没合眼

我颤巍巍地接过来
才发现：
荣登美国1982年最畅销书榜首！
《浪漫人生》
作者：【美】乔伊斯·艾尔伯特
译者：雷人
印数：1——100,000,册
出品：黄河文艺出版社

从此，那湘妹子，在我的
记忆里
萦绕了
好多年，好多年

后来，听说
那本书，被查封！
黄色小说！赤裸裸的性描写！

那位孙老板，逃走了，确切地说
是畏罪潜逃了
背着一堆罪名：
出版非法印刷品
贩卖黄色小说牟取暴利！
偷税！
漏税！
……

那个年头，郑州还没有
洗脚店
如果
有
他
至少还得加一条罪名：
嫖娼

嫌疑犯

也不知道，那位窈窕的湘妹子
是否
也被一起查封？

也不知道，她，今天
还在不在？在不在人间？
在哪里？她还买不买
雷人的书？
雷人的
诗
和诗集？这
比当年的"黄色小说"更
浪漫，浪漫！浪漫
极了！

我相信，她还是那么的窈窕，穿一件
粉红色的
蓝

衬衫！团团的脸
笑眯眯的充满诗意的眼
大提包里，满满的，都是钱！
钱！孙老板
倒出来，给了
我，一半
"为人民服务"的黄书包
装得
满满

我一下子，做梦都没有想到
我成了全国人民梦寐以求的
万元户，就在
那一天
2月16日
1989年！

2013年，我又去郑州
《河南诗人》发表了我的8首诗
出版了我的诗特辑

《核黎明》

我带上那20多年前
的"黄色小说"翻译稿费
10000元
又去了弓背街
23号
上二楼，找孙老板
把那稿费还给他，算是
我给他发的，第一个
"雷人翻译奖"

楼梯，一片斑驳
楼上的门，花棱子门
大铁锁
锁着

人去
楼空

我眼前

一片黯然

我提着那满满的一大书包钱

穿着黄色的浅腰儿

球鞋

踏着经14路上冰凉的

深深的

雪水

像20多年前一样

去《莽原》编辑部

去找那位诗人编辑，那位，当年

他把我的稿子

交给（抑或，卖给）

孙老板

是我跟他干了一架

他带我去了

弓背街

23号

编辑部不在了
《莽原》不在了
我住过的那个小小的五星级的招待所
也不在了
那位诗人去了
据说
澳大利亚

但是，他的长长的浓密的黝黑的
有点
卷卷的头发
还在
他的眼神儿，凝重，还在
他
目色
苍茫

我站在那儿，久久地
久久地

2016年1月10日
我参加中国榜书家协会
2016郑州年展

我的榜书作品入选：
4尺 × 8尺
"六十之前作人；六十之后作神"

我又去了
弓背街
23号

我
又去了
14经路

我站在那儿，久久地，久久地
期望能够邂逅
那位诗人
那位孙老板

那位
窈窕美丽的湘妹子，我
钱，还给他们

可是
人去楼空，人去
楼空

2016-06-23

卡拉杨 Karajan

闭上眼睛
耳朵
变成棱镜，把
120种管弦
解剖成一道
彩虹

激情
在他的尾骨上
绽放

花朵
是他寂寞独守的
星空！他的

生命，是节奏和
韵律
发酵的永恒，你

举手，你
投足，你迷茫了
美的圣洁的宇宙

2016-06-06

荒　原

荒原上横亘着
夭亡的少女，蝴蝶
忙着
收尸，用翅膀交换她的处女膜

风
在地平线之外虎视眈眈
地平线是夭亡少女丢失的眼线
荒原是瘸子的那条瘸腿留
在荒芜里的脚印

沉睡，庞大着，色彩
被收买得干干净净，只有一只流浪狗
和一只被拐卖被残废被遗弃的
儿童，在荒原和星光的包裹里
瑟瑟发抖

狼性和人性，在出生前和出生后
1:1兑换，警察，一无所有，除了
电棒

和
背铐

一切都是光明的，除了黑暗
而黑暗
跟粮票布票油票鸡蛋票红糖票
出生票
一起发放，画笔

夹在耳朵上，用金粉和丙烯
勾兑成
坚硬的稀粥

每一幅画面，都铺满了鲜艳的
荒原，荒原上的那只流浪狗，被遗弃的
幼孩，都对黑暗
虎视眈眈，狼

怎么
还没有来？！一只

蟑螂，低着头
爬过煲丝机的鸟笼

2010-06-06

紫夜星空

夜
黑得发亮，连银河的影子
都在眨眼的刹那
被天边突然冲刺而来的彗星
收藏

一切
都在涌动，连同孕妇
襁褓里的胎记和结晶，云
滚作一团，星系滚作一团
心跳滚作一团，诗和诗人
和铁轨
和皇城省城市城县城的吊索
滚作一团

静止沉默跟风暴
滚作一团

子夜，红得发紫

星空，低着头
捏着喉咙

车轮，碾过避孕套
发出憋气的尖叫

路边的草丛里
失眠的鼾声
震耳欲聋

2016－04－09

小诗与圣诗

烘托一个画面
一个形象
一个故事
一段感情
一个呻吟
一个感慨
一种浪气或者下流或者骚味
或者无聊的
文字把玩

给
或者
引起，自己和读者的想象
或者
联想

此可谓画面诗叙事诗意象诗
是诗里的二锅头
诗中之小我小我之诗
卿卿我我之诗

花前月下之诗
平平仄仄之诗
小家碧玉之诗
小诗人大多为之
欣赏把玩之诗

把现实的具象
扒开皮
抽出筋
晾出一般人看不见或者
看不出来的，社会人性宇宙的
本质

有意象或者没有
或者意象
没有必要

给自己一种感悟，顿悟，醒悟
带动或者引起读者的
共鸣和感悟，走出蒙昧走出黑暗

这是女人里的女人
诗中之诗，是诗的圣经
是圣诗，是诗圣
是诗的灵魂诗的哲学

此为哲理诗亦或
杂文诗

是大诗人之诗
大诗人为之
在芸芸众生的小诗人看来
这
不是诗

他们
望其项背
而不得其解
于是
愤而作罢
且常有
抱怨之辞

诗是什么？

如果世界是一个美人
诗
就是她美丽的眼神儿

如果世界遇到邪恶
诗
就应该是一柄利剑

诗之大美
诗之直

这不是诗：
"剥削与抢劫
哪个
更有罪？！"

这不是诗！
"芸芸众生
谁来愚弄？

愚人者神圣
挨愚者虔诚！”

……

奔驰车再好
你不去学驾驶
你也不会开

读诗
亦然

我是个
皮小孩儿

没事儿

牵着风儿
遛
弯儿
弯

儿

你能读懂么？！
我用六十年的沧桑
写出来
你用
一个早晨
能读懂？

这可不是

李白那种顺口溜！

其博大
其精深

不在字里
而在字外

2016－03－30

我走进灯

灯
是一把火
点燃黎明点燃黑暗
点燃我

我走进灯，像
陨石划过长空

灯。忽闪着
跛着腿儿，想起娘
那是黑油灯
半边碗
香味，烟味，鼻子
酸酸的冷冷的
混在一起

父亲抱着母亲，母亲
抱着我，很冷
很冷

我有点暖，灯
也有点暖，灯花
跳跃着
噼噼啪啪，敲打着
村庄里的打更声
还有什么？

我吮着奶，看着灯

夜向后褪去，我点燃
一支蜡，蜡，点燃
灯笼，灯笼
点燃除夕
除夕和灯笼
生下我

灯花，跳跃着，忽明忽暗，就像我

我穿过各种大街和
小巷

我挑着灯，挑着黎明
挑着爷爷奶奶儿子和孙子，挑着日月星辰
和
苍茫，我

每越过一个情人，我
就越过一道坎儿，我
是一盏
忽明忽暗的灯，灯
包围着我，就像音乐包围着歌

2015-07-01

老 腿

老腿
终于把岁月
走到
拐弯

走到
上
下
疼痛

老腿，要
继续走

2015-06-21

因为难爱，所以更爱

因为难爱，
所以更爱；

把你
含在嘴里，
却舍不得，
把你含化；

爱你
爱到
舍不得把你占有！

2011-09-21—2015-06-21子夜

走向深处

没有目的地
抑或
目的地
就是出发地

就像
人生

深处
是一种美丽

看不见的美丽
在深处

静谧
是一个没有味道，也
没有
色彩的美人儿

花，野得发香

水，绿得发稠

鸟儿
闲得一个劲儿地叫

月亮，白得发蓝
步履，溜溜得
匆匆

水，是一条一条的绿
天，是一片一片的蓝，影子
紧贴着地皮
时而追逐我，时而
被我追逐，只有颜色不变

不断地点赞，点着我的脚步的
节奏，柳
垂着，滑轮
滚滚着

阳光和阴影在柏油路上
同床，难解难分

打一个昨天
老白汾的酒嗝，依然
散发着53度的烈

诗人
好色

色
即是空，空，即是色

我，不是诗人，但是，我
不得不跟诗人一样好色
甚至
"雷人更甚"

我
陷在深处

已经不能自拔，深处
是美人儿的一个
看不见的
美丽的
地方

我
陷在深处
已经不能自拔，

宝贝儿，快
来救我

2015-06-08

雷人悼卧夫

让
一切自杀的借口
自杀

用
任何
活着的理由
活着

爷
是
诗人!

2013-05-13
作于卧夫追悼会

宇宙的本质

双腿
双盘

把世界
归零
把自己还原成空

意念守在丹田
像鼠标趴在
死机的
桌面上一样
一动不动
似空
非空

意念
是宇宙的神经元

宇宙的本质
是
一个界面

宇宙是自己，也
是万物的面膜

宇宙是宇宙的N次
的N次N次幂或根

宇宙是宇宙的无穷大的
无穷大
宇宙
是宇宙的
无穷小的无穷小

万物之间
是
离心力和向心力平衡的
空

宇宙
是粒子的
漂浮

和漂浮着的粒子

宇宙获得原动力
在
粒子与粒子邂逅的瞬间

宇宙的
每一个粒子
都充满了
阴或阳的荷尔蒙

宇宙
倜傥着
在大大小小的宇宙之间的漂浮里

空空
如也

生命
从空中来

又回到
空中去

2015-09-12

逃难十章

（1）

小三十级刚考完，
隔天爆了毒核弹。
千家万户夺命逃，
赤身满街火漫天。

（2）

八月十四五更起，
九点方抵八宝山。
"诗人脚步静悄悄"，
痛别同吾泪涟涟。

（3）

大卫李东和力岩，
农家院里小休闲。
星稀星稠叹天低，
白桦林里论长短

（4）

驱车千里路绵绵，

男女老少奔白山。
逃得蘑菇云端外，
爽约驴友携诗篇。

（5）
沈阳城里搭肩站，
寻师访友天已晚。
老边饺子噌一顿，
大帅府里转一转。

（6）
沈阳玫瑰大酒店，
曾经下榻八年前。
新京老城乱如故，
只是少了二人转。

（7）
通化白云铺蓝天，
神清气爽好自然。
宝一堂里噌笔墨，

湜之斋上挥诗篇。

（8）
大街小巷净如洗，
书才画匠如云集。
五馆民俗会骚客，
松花老坑觅奇石！

（9）
老白汾酒醉如许，
谈诗论道意迷离。
长白山上千年松，
通化红酒独一枝。

（10）
吕师丹青山与水，
董公藏头联一对。
雷人横涂又竖抹，
诗意通化痴如醉。

2015-08-23

膨胀的高速

高速
是一条根
在天地之间无限地
呼啸
膨胀

车轮
飞卷着星辰

瞬间
思维脱水
空白
铆定呼啸和膨胀

大气压
握紧
鼓胀的轮胎
压迫和被压迫，都
迫不及待

压迫
开始享受
美

沉寂与飞驰
互相承包

高速
是夜空里的一把水刀
持续地
对宇宙做着线性切割

宇宙
被切割成两半
左边
是男人
右边是女人

2015-07-25

雪的勾引

没有任何东西或者人
能够勾引我
除了雪

她那洁白无瑕
一万年的洁白无瑕
没有企图也没有诱惑
她只绵绵地落入您的怀抱
她对世界没有任何渴求
只用自己的洁白改变
所有的污秽

下雪的时候
我坐在雪地里任凭
雪的吞噬

雪花
是上帝撒落到人间的精虫
雪花
将天勾引地

雪花是天和地的子宫
人类
在雪的季节里重生

雪花落进我的肺里
变成
白玫瑰
雪花
落进我的血管里
变成红玫瑰
雪花
落进我的爱里
变成紫玫瑰
雪花落进我的瞳孔里
变成两颗黑玫瑰

雪是我的情人，她
从来不欺骗我，她
任凭我的爱的疯狂

我把我的灵魂和爱

坐落在雪地里

我

变成一个雪人

没有心也没有肺

只有皑皑的洁白

雪，我醉了，我回到您的洁白

我是雪的一万年的

无言的情人，尽情地

勾引我吧！亲爱滴

雪

2016-01-22

宇宙之恋（另版）

在黎明的窗外我对着北斗七星打着踉踉跄跄的哈欠
流着21世纪的口水
一个从封条里脱落的口红飞过来又像UFO一样消失
月光泛滥着打着水漂儿飞着吻
……眼睛和眉毛闭在一起
我想起昨晚喝的雷人诗酒瓶子盖掉在地上
酒杯打碎了一地对面闪着恶魔的影子
我的呼吸发硬，我满嘴里还在打着硬硬的嗝……天
和地裂开一条缝儿我醉眼婀娜地窥视着……
银河两岸……
日月穿梭……
昆仑脚下，无形的阴和阳躲在红花和绿叶之间对了
眼便胶着成闪电和爱
雨丝，落下来无数只纤细的粗糙的手轻轻地抚摸大
地湿润的面颊
使一点劲儿感觉一下大树后面耳际的飘逸的秀发
再使一点儿劲儿把手捏一下黑土地腹部的松软
过剩的感觉反弹着
风头儿和云瓣儿是吻的前奏互相推诿着缠绵着嗯着
不依不饶不进不退
只有风的下摆悄悄地顺着山岙的肚脐儿溜进林间的

夹缝里在一片幽草的岸边剥开一条微微的缝儿

那后面有波涛汹涌的大海

你知我知……

于是雪花飘下来美成一种滋润

眉毛拱起来在遥远的天际拱成一道虹

夜幕弯着腰跪在床上从额头吻下去

您怎么这么轻易地就上了人家的床

天在崩，地在裂，闪在闪

雪白的沙滩雪白的床雪白的肚脐儿雪白的味儿

雪白的长江、黄河是劈开的两条细腿儿在贡嘎山的山口舌尖打着旋风般的旋儿

小号手在一片灿烂麻木的朝霞里憋着气（憋着尿）昂着头噘着嫩嫩的小嫩嘴儿

吹响了进军的号

B大调F大调B+F无声调

注射进密密麻麻的血淋淋的汗流浃背的的的的，的干细胞

旋风带着钩子不是旋向高空而是旋向坐标原点的深渊

有点涩有点软

有点滋润有点滑

红珊瑚白珊瑚紫珊瑚七彩的回车键挟持着一丝丝骚

雷声不断暴雨不断闪电和脑际的空白摧酷，拉秀

风打着滚儿肚脐打着滚儿

天翻地覆打着滚儿

辫子和舌尖跟闪电绑定打着棒打不散的滚儿

就地十八滚

像仙台的海啸像汶川的凌晨的N级地震

蘑菇云瞬间升起核辐射横扫大地

暴雨如注

波涛汹涌

眼睁开了

天真的亮了

冰花涂满了蓝天

霜凝结在草地上柳枝被压得弯弯的眯着眼睡着了

雪白雪白

风平了，浪，静了

绿，不再肥，红，已瘦瘦

亲爱滴早上好！

2014-09-21

打 坐

把黑暗
坐成一
通明

把
黎明
坐得出汗

把自己
坐得
空空洞洞

2016-01-01

诗的打坐

喧嚣归来
把诗意化成空白
沉淀在丹田

宇宙
开成一朵花

我，忘我，忘息
坐穿
寅时

2016-01-02

骑在宇宙的脖子上

骑在宇宙的脖子上
风流倜傥

不在这里
也
不在
那里

只在
"万物静默如初"

闭上眼
寻找美丽

睁开眼
满目
乡愁

2015-12-03

宇宙的眼神儿

——雷人致抽象艺术大师许德民

抽象
是宇宙
递给人类想象的一个
闭着眼的眼神

具象
是宇宙在光线里
暴露给人类植物神经的
影子

具象
是
刺激

抽象
是
愉悦

具象
被理性·逻辑解剖

抽象

被

想象 "独占花魁"

2015-12-01

色即是空

宇宙
是一个形式
人
是
它的内容

神
是一个形式
祈祷
是它的内容

诗
是一个形式
发现
是它的内容

老风
是一个形式
美
是它的内容

剥开形式的花芯
意念
就是
她的内容

2015-12-31

图书在版编目（CIP）数据

水的绝唱 / 雷人著. -- 武汉：长江文艺出版社，
2016.12
　　ISBN 978-7-5354-9378-1

　　Ⅰ. ①水… Ⅱ. ①雷… Ⅲ. ①诗集－中国－当代
Ⅳ. ①I227

　　中国版本图书馆 CIP 数据核字(2016)第 326612 号

策　　划：大 卫
责任编辑：沉 河　胡 璇　　　　责任校对：陈 琪
装帧设计：大卫书装　　　　　　责任印制：邱 莉　胡丽平

出版：
地址：武汉市雄楚大街 268 号　　　邮编：430070
发行：长江文艺出版社
电话：027—87679360
http://www.cjlap.com
印刷：三河市宏顺兴印刷有限公司

开本：970 毫米×1280 毫米　　　1/32　　　印张：6　插页：2 页
版次：2016 年 12 月第 1 版　　　　2016 年 12 月第 1 次印刷
行数：2997 行

定价：39.80 元